使用說明

手繪心智圖法基本步驟

（一） 要準備的東西有

1. 白紙一張
2. 至少三種顏色以上的筆

（二） 請你跟我這樣做

1. 空白紙張橫放，從中央開始寫上主題
2. 主脈由粗到細，線條呈現放射狀
3. 關鍵字詞要寫在線條的上方，文字長度等於線段的長度
4. 一個線段上只能放一個關鍵字詞或關鍵圖
5. 同一主脈，從頭到尾都只能用同一種顏色

結婚更快樂?

- 懂
  - 權利
    - 繼承遺產
    - 生小孩
    - 被愛
    - 被保護
    - 安心感
    - 安全感
  - 義務
    - 隨時有人可
    - 商量
    - 分攤
      - 多難事件
      - 房貸/隊組
      - 家用
        - 水電
        - 家具
        - 養金
        - 各養金
      - 小孩聲用
        - 當幫手
      - 雙方家長

- 缺
  - 不能心受
    - 對方婚後
      - 軟化關
        - 大男人
        - 媽寶
        - 死要面子
    - 債務分攤比
  - 義務
    - 協助對方完成家庭
    - 生活習慣
      - 生活瑣事
      - 親戚朋友
    - 接受對方
      - 金錢權見
      - 家庭權見

- 換工作(創業時)
  - 養自家
  - 養長主家庭
  - 考慮家庭財務
  - 進修時
  - 顧慮對方行程
    - 心情
    - 財力
    - 顧慮對方
    - 想法
  - 抓質取悅自己
  - 對相處的說和
    - 整天黏在一起?
      - 每週末養次數?
    - 甘於平淡
      - 耐心聽
      - 顧慮對方心情
    - 意見不同
      - 想法
      - 擺臭臉
        - 懸起來不見人
      - 不可
      - 不想說話
      - 顧慮對方
    - 單獨社交
    - 被迫社交
    - 交友
    - 跟我一起做的事
    - 共同興趣

※動手畫畫看屬於自己的心智圖

報告筆記？

我的壞習慣

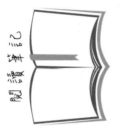

養成運動習慣

看完電影

把0的時間 準備一週便當

如果時光能夠倒轉，你最想做什麼？

今年你想存多少錢

※ 思考提示：有哪些收入來源？計畫把錢存在哪裡？有哪些預期支出……

每月必要
生活費用

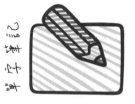

書字練習29

FUTURE 給未來的我

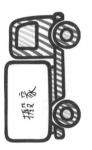

規劃國內一日遊

購物
清單

目標

遊戲國工改記 2

Birthday Party

貼貼 日 常 做 起

喜從

LOVE PLANET

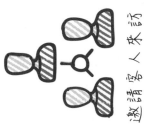

邀請嘉賓來訪

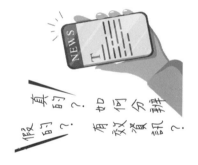

真的？

假的？

如何分辨有效資訊？

※思考提示：找出消息來源、不照單全收、不被感情支配、不隨意散布、仔細求證……

歡迎複製，盡情練習

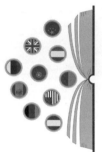

學習新語言

※ 思考提示：在家自學、線上課程、上補習班、規劃每日學習時間、打造專屬學習環境……

財富自由

※ 思考提示：如何定義財富自由？被動收入？主動收入？如何節流？如何投資理財？

人生低潮時

※ 思考提示：1. 眼前的困難是什麼？ 2. 想找人說說話？想大吃大喝、玩樂或是去旅行？ 3. 寫日記修復心情 4. 學會面對自己的情緒

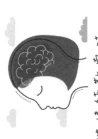

被情緒勒索時……

※ 思考提示：1. 對於勒索者的要求，不要馬上順著話回應，先給自己一點時間思考

2. 先把恐懼、害怕被嫌棄、不敢改變等負面情緒拋開，問自己：「是否願意接受對方要求照著去做？」

3. 做好選擇：是要滿足別人的需要？還是尊重重自己？請冷靜地思考對策，用心智圖畫下來，以便從容回應

歡迎複製，盡情練習

走出舒適圈

※ 思考提示：1. 你最想改變的是什麼？例如：想要接觸新事物……　　2. 未來 6 個月可以達成嗎？

想要接觸新事物？

3. 可以找到支持支持你走出舒適圈的人嗎？　　4. 勵志名言：「即使是奇蹟，也需要一點時間來讓它發生。」

斷 捨離

雜 捨離

※ 思考提示：1. 你最想斷捨離的項目是什麼？例如：衣服、感情、雜亂人生……　2. 勵志名言：「不要愈想愈複雜。」
3. 思考「需要」和「不需要」
4. 從小範圍開始練習

歡迎複製，盡情練習

增加第二專業

※ 思考提示：1. 從興趣下手　2. 從趨勢潮流下手　3. 保留原有的工作，另創副業收入